곤충이 알, 애벌레,
번데기의 시기를 거쳐,
어른벌레로 자라는 과정을
'한살이'라고 해.

글 이미애

대구에서 태어나 중앙대학교에서 문예창작학을 공부했습니다.
현재 전업 작가로 어린이를 위한 글을 열심히 쓰고 있습니다.
1987년 조선일보 신춘문예 동시 부문에 당선했고
눈높이 문학상, 새벗 문학상, 삼성 문학상을
수상하기도 했습니다. 그동안 <가을을 만났어요>,
<행복한 강아지 뭉치> 등 어린이들을 위해
많은 글을 썼습니다.

그림 김동수

강원도에서 태어나 경기대학교에서
서양화를 공부하였습니다.
그동안 동아미술대전, 대한민국미술대전, MBC미술대전 등
여러 공모전에서 수상하였고, 삐아제, 랜덤하우스, 슈타이너,
헤밍웨이 등 여러 출판사의 책에 그림을 그렸습니다.
지금도 여전히 아이들에게 도움이 되는 포근하고 알찬
그림을 그리기 위해 노력하고 있습니다.

감수 박시룡

경희대학교 생물학과를 졸업하고 독일 본대학교에서
동물행동학을 전공하여 박사 학위를 받았습니다.
한국교원대학교 생물교육과 교수, 황새복원연구센터
소장을 지냈습니다.
지은 책으로 <와우! 우리들의 동물친구>,
<동물행동학의 이해> 등이 있고,
옮긴 책으로는 <딱새를 속여 번식하는 뻐꾸기>,
<진딧물을 길들이는 붉은개미> 등이 있습니다.
KBS <동물의 세계>, <동물의 왕국>의 감수도 맡고 있습니다.

동물 · 곤충의 한살이 08 반짝반짝 날아올라

이미애 글 · 김동수 그림 · 박시룡 감수
펴낸곳 (주)아람키즈 | 펴낸이 이소영 | 주소 서울특별시 성동구 성수이로 147, 아이에스비즈타워 2F
고객센터 1644-4521 | 팩스 02-468-5548 | 홈페이지 www.aramkids.co.kr | 출판등록 제2020-000011호
기획 · 편집 · 디자인 (주)아람키즈 하늘땅
ISBN 979-11-6543-517-2 979-11-6543-574-5(세트)

반짝반짝 날아올라

이미애 글 · 김동수 그림 · 박시룡 감수

아람키즈

초여름 밤 개울가야.

깜박깜박 조그만 빛을 깜박이며,
너울너울 **반딧불이***들이 날아다녔어.

암컷 반딧불이 한 마리가 흐린 빛을 깜박이며
풀잎 위에 **오도카니*** 앉아 있었어.
수컷 반딧불이 한 마리가 그 불빛을 보았지.
수컷은 꽁무니 불빛을 더욱 힘껏 깜박였어.
둘이서 다정하게 깜빡깜빡.

쏴쏴, 밤비가 내리기 시작했어.
두 마리 **반딧불이**는 초롱꽃 안에 숨어서
비가 그치기를 기다렸어.
비가 그치자 물방울이 맺힌 풀잎 위에서
두 마리 반딧불이는 짝짓기*를 했지.

며칠이 지난 후 밤이 깊을 때였어.
암컷 반딧불이가 포르르 날아올라
알 낳을 자리를 찾아 나섰지.
암컷은 물가에서 이끼가 곱게 깔린
축축한 나무뿌리를 찾아냈어.

암컷은 어느 때보다 큰 빛을 반짝이며,
부드럽고 축축한 이끼 위에
동글동글 알을 낳기 시작했어.
다른 암컷 반딧불이들도 가까이 날아와
다 함께 알을 낳았지.

암컷이 알을 낳기 시작할 무렵,
풀잎 아래 수컷 **반딧불이**는
마지막 빛을 희미하게 깜박이다
혼자서 조용히 눈을 감았지.

암컷은 온 힘을 다해 알을 낳았어.
이끼 위에 수백 개의 알이 소복이 쌓이자,
암컷도 수컷처럼 쓸쓸히 세상을 떠났어.
하지만 땅 위에는 알들이 남았지.

말랑말랑 투명하고 조그맣던 알들은
여러 날을 지내면서 점점 빛이 밝아졌어.
스무 날이 지나자 투명한 알 속에
애벌레*가 어른어른 희미하게 비쳤어.

깜깜한 밤이 되자 **애벌레** 한 마리가
껍질을 깨고는 세상에 나왔어.
알에서 빠져나온 얼룩무늬 **애벌레**는
곧장 물속으로 떨어졌지.

애벌레는 물결 따라 떠내려가다가
힘껏 몸을 뒤틀어 가라앉았어.
바닥에 몸이 닿자
애벌레는 뽈뽈뽈 기어 다녔어.

애벌레는 **아가미***로 숨을 쉬며,
다슬기*를 잡아먹었어.
물고기들이 달려들면
돌 틈으로 쏘옥 숨곤 했지.

두 달이 흘렀어.
짙은 잿빛으로 변한 애벌레는
돌 틈에서 꼼짝도 않고 있었어.
이윽고 애벌레가 꿈틀 몸을 구부려
첫 **허물***을 벗었지.

봄이 올 때까지 애벌레는 그렇게
네 번이나 허물을 벗었어.
허물을 다 벗은 **애벌레**는
따스해진 물 위로 앙금앙금 기어올랐어.

애벌레는 축축한 땅속으로
파고들어 집을 짓고 잠이 들었어.

잠에서 깬 애벌레는
허물을 벗고 **번데기***가 되었어.

그리고 마지막 허물을 벗고
마침내 반딧불이가 되었어.

반딧불이는 말랑말랑한 몸이
단단해질 때까지 기다렸지.

캄캄한 밤이 되자 드디어 반딧불이가
땅 위로 올라왔어.

어떤 알들은 물고기와 개구리,
그리고 거미의 먹이가 되었어.
하지만 어떤 알들은 반딧불이가 되었지.

끝까지 살아남은 **반딧불이**는
꽁지 불빛을 힘차게 깜박이며
초여름 밤하늘로 높이높이 날아올랐어.

반짝반짝 **반딧불이** 불빛이 밤하늘에 반짝여.

신나는 과학놀이

문제 다음 중 반딧불이가 태어나서 자라는 과정을 **순서대로** 나열한 것은 어떤 것일까요?

①

②

③

④

정답은? ① ② ③ ④

정답: 1